THIS JOURNAL BELONGS TO:

_____
_____
_____
_____

©2019 Georgiana Carollus All rights reserved.

Notes

recipe_____
source_____
serves_____ prep time_____ cook time_____ oven_____

Ingredients

_____   _____
_____   _____
_____   _____
_____   _____
_____   _____
_____   _____

Directions

_____
_____
_____
_____
_____
_____
_____
_____
_____
_____
_____
_____
_____
_____
_____
_____
_____
_____
_____
_____

Date:_____   Stars: ★ ★ ★ ★ ★

Notes

recipe_____
source_____
serves_____ prep time_____ cook time_____ oven_____

Ingredients

Directions

Date:_____   Stars: ★ ★ ★ ★ ★

Notes

recipe_____
source_____
serves_____ prep time_____ cook time_____ oven_____

Ingredients

_____   _____
_____   _____
_____   _____
_____   _____
_____   _____
_____   _____
_____   _____

Directions

_____
_____
_____
_____
_____
_____
_____
_____
_____
_____
_____
_____
_____
_____
_____
_____
_____
_____
_____
_____
_____

Date:_____   Stars: ★ ★ ★ ★ ★

Notes

recipe_____
source_____
serves_____ prep time_____ cook time_____ oven_____

Ingredients

_____   _____
_____   _____
_____   _____
_____   _____
_____   _____
_____   _____
_____   _____

Directions

_____
_____
_____
_____
_____
_____
_____
_____
_____
_____
_____
_____
_____
_____
_____
_____
_____
_____
_____

Date:_____   Stars: ★ ★ ★ ★ ★

Notes

recipe_____
source_____
serves_____ prep time_____ cook time_____ oven_____

Ingredients

_____   _____
_____   _____
_____   _____
_____   _____
_____   _____
_____   _____
_____   _____

Directions

_____
_____
_____
_____
_____
_____
_____
_____
_____
_____
_____
_____
_____
_____
_____
_____
_____
_____

Date:_____   Stars: ★ ★ ★ ★ ★

Notes

recipe_____
source_____
serves_____ prep time_____ cook time_____ oven_____

Ingredients

_____   _____
_____   _____
_____   _____
_____   _____
_____   _____
_____   _____

Directions

_____
_____
_____
_____
_____
_____
_____
_____
_____
_____
_____
_____
_____
_____
_____
_____
_____
_____
_____

Date:_____   Stars: ★ ★ ★ ★ ★

Notes

recipe_____
source_____
serves_____ prep time_____ cook time_____ oven_____

Ingredients

Directions

Date:_____   Stars: ★ ★ ★ ★ ★

Notes

recipe_____
source_____
serves_____ prep time_____ cook time_____ oven_____

Ingredients

_____   _____
_____   _____
_____   _____
_____   _____
_____   _____
_____   _____
_____   _____

Directions

_____
_____
_____
_____
_____
_____
_____
_____
_____
_____
_____
_____
_____
_____
_____
_____
_____

Date:_____   Stars: ★ ★ ★ ★ ★

Notes

recipe_____
source_____
serves_____ prep time_____ cook time_____ oven_____

Ingredients

_____   _____
_____   _____
_____   _____
_____   _____
_____   _____
_____   _____
_____   _____

Directions

_____
_____
_____
_____
_____
_____
_____
_____
_____
_____
_____
_____
_____
_____
_____
_____
_____
_____
_____
_____

Date:_____   Stars: ★ ★ ★ ★ ★

Notes

recipe_____
source_____
serves_____ prep time_____ cook time_____ oven_____

Ingredients

_____   _____
_____   _____
_____   _____
_____   _____
_____   _____
_____   _____
_____   _____

Directions

_____
_____
_____
_____
_____
_____
_____
_____
_____
_____
_____
_____
_____
_____
_____
_____
_____
_____

Date:_____   Stars: ★ ★ ★ ★ ★

Notes

recipe_____
source_____
serves_____ prep time_____ cook time_____ oven_____

Ingredients

_____ _____
_____ _____
_____ _____
_____ _____
_____ _____
_____ _____
_____ _____

Directions

_____
_____
_____
_____
_____
_____
_____
_____
_____
_____
_____
_____
_____
_____
_____
_____
_____
_____
_____
_____

Date:_____   Stars: ★ ★ ★ ★ ★

Notes

recipe_____
source_____
serves_____ prep time_____ cook time_____ oven_____

Ingredients

_____   _____
_____   _____
_____   _____
_____   _____
_____   _____
_____   _____
_____   _____

Directions

_____
_____
_____
_____
_____
_____
_____
_____
_____
_____
_____
_____
_____
_____
_____
_____
_____
_____
_____
_____
_____
_____

Date:_____   Stars: ★ ★ ★ ★ ★

Notes

recipe_____
source_____
serves_____ prep time_____ cook time_____ oven_____

Ingredients

_____   _____
_____   _____
_____   _____
_____   _____
_____   _____
_____   _____

Directions

_____
_____
_____
_____
_____
_____
_____
_____
_____
_____
_____
_____
_____
_____
_____
_____
_____
_____
_____
_____
_____

Date:_____   Stars: ★ ★ ★ ★ ★

Notes

recipe_____
source_____
serves_____ prep time_____ cook time_____ oven_____

Ingredients

_____   _____
_____   _____
_____   _____
_____   _____
_____   _____
_____   _____
_____   _____

Directions

_____
_____
_____
_____
_____
_____
_____
_____
_____
_____
_____
_____
_____
_____
_____
_____
_____
_____
_____
_____
_____

Date:_____   Stars: ★ ★ ★ ★ ★

Notes

recipe_____
source_____
serves_____ prep time_____ cook time_____ oven_____

Ingredients

Directions

Date:_____   Stars: ★ ★ ★ ★ ★

Notes

recipe_____
source_____
serves_____ prep time_____ cook time_____ oven_____

Ingredients

_____   _____
_____   _____
_____   _____
_____   _____
_____   _____
_____   _____
_____   _____

Directions

_____
_____
_____
_____
_____
_____
_____
_____
_____
_____
_____
_____
_____
_____
_____
_____
_____
_____
_____
_____

Date:_____   Stars: ★ ★ ★ ★ ★

Notes

recipe_____
source_____
serves_____ prep time_____ cook time_____ oven_____

Ingredients

_____   _____
_____   _____
_____   _____
_____   _____
_____   _____
_____   _____
_____   _____

Directions

_____
_____
_____
_____
_____
_____
_____
_____
_____
_____
_____
_____
_____
_____
_____
_____
_____
_____
_____

Date:_____   Stars: ★ ★ ★ ★ ★

Notes

recipe_____
source_____
serves_____ prep time_____ cook time_____ oven_____

Ingredients

_____   _____
_____   _____
_____   _____
_____   _____
_____   _____
_____   _____

Directions

_____
_____
_____
_____
_____
_____
_____
_____
_____
_____
_____
_____
_____
_____
_____
_____
_____
_____
_____
_____
_____

Date:_____   Stars: ★ ★ ★ ★ ★

Notes

recipe_____
source_____
serves_____ prep time_____ cook time_____ oven_____

Ingredients

_____   _____
_____   _____
_____   _____
_____   _____
_____   _____
_____   _____
_____   _____
_____   _____

Directions

_____
_____
_____
_____
_____
_____
_____
_____
_____
_____
_____
_____
_____
_____
_____
_____
_____
_____
_____
_____

Date:_____   Stars: ★ ★ ★ ★ ★

recipe_____
source_____
serves_____ prep time_____ cook time_____ oven_____

Ingredients

_____   _____
_____   _____
_____   _____
_____   _____
_____   _____
_____   _____
_____   _____

Directions

_____
_____
_____
_____
_____
_____
_____
_____
_____
_____
_____
_____
_____
_____
_____
_____
_____
_____
_____
_____

Date:_____   Stars: ★ ★ ★ ★ ★

Notes

recipe_____
source_____
serves_____ prep time_____ cook time_____ oven_____

Ingredients

_____   _____
_____   _____
_____   _____
_____   _____
_____   _____
_____   _____
_____   _____

Directions

_____
_____
_____
_____
_____
_____
_____
_____
_____
_____
_____
_____
_____
_____
_____
_____
_____
_____
_____
_____
_____

Date:_____   Stars: ★ ★ ★ ★ ★

Notes

recipe_____
source_____
serves_____ prep time_____ cook time_____ oven_____

Ingredients

_____   _____
_____   _____
_____   _____
_____   _____
_____   _____
_____   _____
_____   _____

Directions

_____
_____
_____
_____
_____
_____
_____
_____
_____
_____
_____
_____
_____
_____
_____
_____
_____
_____
_____

Date:_____   Stars: ★ ★ ★ ★ ★

Notes

recipe_____
source_____
serves_____ prep time_____ cook time_____ oven_____

Ingredients

_____   _____
_____   _____
_____   _____
_____   _____
_____   _____
_____   _____
_____   _____

Directions

_____
_____
_____
_____
_____
_____
_____
_____
_____
_____
_____
_____
_____
_____
_____
_____
_____
_____
_____
_____

Date:_____   Stars: ★ ★ ★ ★ ★

Notes

recipe_____
source_____
serves_____ prep time_____ cook time_____ oven_____

Ingredients

_____   _____
_____   _____
_____   _____
_____   _____
_____   _____
_____   _____
_____   _____

Directions

_____
_____
_____
_____
_____
_____
_____
_____
_____
_____
_____
_____
_____
_____
_____
_____
_____
_____
_____

Date:_____   Stars: ★ ★ ★ ★ ★

Notes

recipe_____
source_____
serves_____ prep time_____ cook time_____ oven_____

Ingredients

_____   _____
_____   _____
_____   _____
_____   _____
_____   _____
_____   _____
_____   _____

Directions

_____
_____
_____
_____
_____
_____
_____
_____
_____
_____
_____
_____
_____
_____
_____
_____
_____
_____
_____
_____
_____

Date:_____   Stars: ★ ★ ★ ★ ★

Notes

recipe_____
source_____
serves_____ prep time_____ cook time_____ oven_____

Ingredients

_____   _____
_____   _____
_____   _____
_____   _____
_____   _____
_____   _____
_____   _____

Directions

_____
_____
_____
_____
_____
_____
_____
_____
_____
_____
_____
_____
_____
_____
_____
_____
_____
_____
_____
_____

Date:_____   Stars: ★ ★ ★ ★ ★

Notes

recipe_____
source_____
serves_____ prep time_____ cook time_____ oven_____

Ingredients

_____   _____
_____   _____
_____   _____
_____   _____
_____   _____
_____   _____
_____   _____

Directions

_____
_____
_____
_____
_____
_____
_____
_____
_____
_____
_____
_____
_____
_____
_____
_____
_____
_____
_____
_____
_____

Date:_____   Stars: ★ ★ ★ ★ ★

Notes

recipe_____
source_____
serves_____ prep time_____ cook time_____ oven_____

Ingredients

_____   _____
_____   _____
_____   _____
_____   _____
_____   _____
_____   _____
_____   _____

Directions

_____
_____
_____
_____
_____
_____
_____
_____
_____
_____
_____
_____
_____
_____
_____
_____
_____
_____
_____
_____
_____
_____

Date:_____   Stars: ★ ★ ★ ★ ★

Notes

recipe_____
source_____
serves_____ prep time_____ cook time_____ oven_____

Ingredients

_____   _____
_____   _____
_____   _____
_____   _____
_____   _____
_____   _____
_____   _____

Directions

_____
_____
_____
_____
_____
_____
_____
_____
_____
_____
_____
_____
_____
_____
_____
_____
_____
_____
_____
_____
_____

Date:_____   Stars: ★ ★ ★ ★ ★

Notes

recipe_____
source_____
serves_____ prep time_____ cook time_____ oven_____

Ingredients

Directions

Date:_____   Stars: ★ ★ ★ ★ ★

Notes

recipe_____
source_____
serves_____ prep time_____ cook time_____ oven_____

Ingredients

_____   _____
_____   _____
_____   _____
_____   _____
_____   _____
_____   _____
_____   _____

Directions

_____
_____
_____
_____
_____
_____
_____
_____
_____
_____
_____
_____
_____
_____
_____
_____
_____
_____
_____

Date:_____   Stars: ★ ★ ★ ★ ★

recipe_____
source_____
serves_____ prep time_____ cook time_____ oven_____

Ingredients

_____   _____
_____   _____
_____   _____
_____   _____
_____   _____
_____   _____
_____   _____

Directions

_____
_____
_____
_____
_____
_____
_____
_____
_____
_____
_____
_____
_____
_____
_____
_____
_____
_____

Date:_____   Stars: ★ ★ ★ ★ ★

Notes

recipe_____
source_____
serves_____ prep time_____ cook time_____ oven_____

Ingredients

_____   _____
_____   _____
_____   _____
_____   _____
_____   _____
_____   _____
_____   _____

Directions

_____
_____
_____
_____
_____
_____
_____
_____
_____
_____
_____
_____
_____
_____
_____
_____
_____
_____

Date:_____   Stars: ★ ★ ★ ★ ★

Notes

recipe_____
source_____
serves_____ prep time_____ cook time_____ oven_____

Ingredients

_____   _____
_____   _____
_____   _____
_____   _____
_____   _____
_____   _____
_____   _____

Directions

_____
_____
_____
_____
_____
_____
_____
_____
_____
_____
_____
_____
_____
_____
_____
_____
_____
_____
_____

Date:_____   Stars: ★ ★ ★ ★ ★

Notes

recipe_____
source_____
serves_____ prep time_____ cook time_____ oven_____

Ingredients

Directions

Date:_____ Stars: ★ ★ ★ ★ ★

Notes

recipe_____
source_____
serves_____ prep time_____ cook time_____ oven_____

Ingredients

_____   _____
_____   _____
_____   _____
_____   _____
_____   _____
_____   _____
_____   _____

Directions

_____
_____
_____
_____
_____
_____
_____
_____
_____
_____
_____
_____
_____
_____
_____
_____
_____
_____
_____

Date:_____   Stars: ★ ★ ★ ★ ★

Notes

recipe_____
source_____
serves_____ prep time_____ cook time_____ oven_____

Ingredients

_____ _____
_____ _____
_____ _____
_____ _____
_____ _____
_____ _____
_____ _____

Directions

_____
_____
_____
_____
_____
_____
_____
_____
_____
_____
_____
_____
_____
_____
_____
_____
_____
_____

Date:_____ Stars: ★ ★ ★ ★ ★

Notes

recipe_____
source_____
serves_____ prep time_____ cook time_____ oven_____

Ingredients

_____   _____
_____   _____
_____   _____
_____   _____
_____   _____
_____   _____
_____   _____

Directions

_____
_____
_____
_____
_____
_____
_____
_____
_____
_____
_____
_____
_____
_____
_____
_____
_____
_____
_____

Date:_____   Stars: ★ ★ ★ ★ ★

Notes

recipe_____
source_____
serves_____ prep time_____ cook time_____ oven_____

Ingredients

_____   _____
_____   _____
_____   _____
_____   _____
_____   _____
_____   _____
_____   _____

Directions

_____
_____
_____
_____
_____
_____
_____
_____
_____
_____
_____
_____
_____
_____
_____
_____
_____
_____
_____
_____

Date:_____   Stars: ★ ★ ★ ★ ★

Notes

recipe_____
source_____
serves_____ prep time_____ cook time_____ oven_____

Ingredients

_____   _____
_____   _____
_____   _____
_____   _____
_____   _____
_____   _____
_____   _____

Directions

_____
_____
_____
_____
_____
_____
_____
_____
_____
_____
_____
_____
_____
_____
_____
_____
_____
_____
_____
_____

Date:_____   Stars: ★ ★ ★ ★ ★

Notes

recipe_____
source_____
serves_____ prep time_____ cook time_____ oven_____

Ingredients

_____   _____
_____   _____
_____   _____
_____   _____
_____   _____
_____   _____
_____   _____

Directions

_____
_____
_____
_____
_____
_____
_____
_____
_____
_____
_____
_____
_____
_____
_____
_____
_____
_____

Date:_____   Stars: ★ ★ ★ ★ ★

Notes

recipe_____
source_____
serves_____ prep time_____ cook time_____ oven_____

Ingredients

_____   _____
_____   _____
_____   _____
_____   _____
_____   _____
_____   _____
_____   _____

Directions

_____
_____
_____
_____
_____
_____
_____
_____
_____
_____
_____
_____
_____
_____
_____
_____
_____
_____
_____

Date:_____   Stars: ★ ★ ★ ★ ★

Notes

recipe_____
source_____
serves_____ prep timeـــــــ cook time_____ oven_____

Ingredients

_____   _____
_____   _____
_____   _____
_____   _____
_____   _____
_____   _____
_____   _____

Directions

_____
_____
_____
_____
_____
_____
_____
_____
_____
_____
_____
_____
_____
_____
_____
_____
_____
_____

Date:_____   Stars: ★ ★ ★ ★ ★

Notes

recipe_____
source_____
serves_____ prep time_____ cook time_____ oven_____

Ingredients

_____   _____
_____   _____
_____   _____
_____   _____
_____   _____
_____   _____
_____   _____

Directions

_____
_____
_____
_____
_____
_____
_____
_____
_____
_____
_____
_____
_____
_____
_____
_____
_____
_____
_____

Date:_____   Stars: ★ ★ ★ ★ ★

Notes

recipe_____
source_____
serves_____ prep time_____ cook time_____ oven_____

Ingredients

_____   _____
_____   _____
_____   _____
_____   _____
_____   _____
_____   _____
_____   _____

Directions

_____
_____
_____
_____
_____
_____
_____
_____
_____
_____
_____
_____
_____
_____
_____
_____
_____
_____
_____
_____
_____

Date:_____   Stars: ★ ★ ★ ★ ★

Notes

recipe_____
source_____
serves_____ prep time_____ cook time_____ oven_____

Ingredients

_____   _____
_____   _____
_____   _____
_____   _____
_____   _____
_____   _____
_____   _____

Directions

_____
_____
_____
_____
_____
_____
_____
_____
_____
_____
_____
_____
_____
_____
_____
_____
_____
_____
_____
_____
_____

Date:_____   Stars: ★ ★ ★ ★ ★

Notes

recipe_____
source_____
serves_____ prep time_____ cook time_____ oven_____

Ingredients

_____   _____
_____   _____
_____   _____
_____   _____
_____   _____
_____   _____
_____   _____

Directions

_____
_____
_____
_____
_____
_____
_____
_____
_____
_____
_____
_____
_____
_____
_____
_____
_____
_____
_____
_____

Date:_____   Stars: ★ ★ ★ ★ ★

Notes

recipe_____
source_____
serves_____ prep time_____ cook time_____ oven_____

Ingredients

_____   _____
_____   _____
_____   _____
_____   _____
_____   _____
_____   _____
_____   _____

Directions

_____
_____
_____
_____
_____
_____
_____
_____
_____
_____
_____
_____
_____
_____
_____
_____
_____
_____
_____
_____

Date:_____   Stars: ★ ★ ★ ★ ★

Notes

recipe_____
source_____
serves_____ prep time_____ cook time_____ oven_____

Ingredients

_____   _____
_____   _____
_____   _____
_____   _____
_____   _____
_____   _____
_____   _____

Directions

_____
_____
_____
_____
_____
_____
_____
_____
_____
_____
_____
_____
_____
_____
_____
_____
_____
_____
_____

Date:_____   Stars: ★ ★ ★ ★ ★

Notes

recipe_____
source_____
serves_____ prep time_____ cook time_____ oven_____

Ingredients

_____   _____
_____   _____
_____   _____
_____   _____
_____   _____
_____   _____
_____   _____

Directions

_____
_____
_____
_____
_____
_____
_____
_____
_____
_____
_____
_____
_____
_____
_____
_____
_____
_____

Date:_____   Stars: ★ ★ ★ ★ ★

Notes

recipe_____
source_____
serves_____ prep time_____ cook time_____ oven_____

Ingredients

_____   _____
_____   _____
_____   _____
_____   _____
_____   _____
_____   _____
_____   _____

Directions

_____
_____
_____
_____
_____
_____
_____
_____
_____
_____
_____
_____
_____
_____
_____
_____
_____
_____
_____

Date:_____   Stars: ★ ★ ★ ★ ★

Notes

recipe_____
source_____
serves_____ prep time_____ cook time_____ oven_____

Ingredients

_____   _____
_____   _____
_____   _____
_____   _____
_____   _____
_____   _____
_____   _____

Directions

_____
_____
_____
_____
_____
_____
_____
_____
_____
_____
_____
_____
_____
_____
_____
_____
_____
_____
_____

Date:_____   Stars: ★ ★ ★ ★ ★

Notes

recipe_____
source_____
serves_____ prep time_____ cook time_____ oven_____

Ingredients

_____   _____
_____   _____
_____   _____
_____   _____
_____   _____
_____   _____
_____   _____

Directions

_____
_____
_____
_____
_____
_____
_____
_____
_____
_____
_____
_____
_____
_____
_____
_____
_____
_____
_____

Date:_____   Stars: ★ ★ ★ ★ ★

Notes

recipe_____
source_____
serves_____ prep time_____ cook time_____ oven_____

Ingredients

_____   _____
_____   _____
_____   _____
_____   _____
_____   _____
_____   _____
_____   _____

Directions

_____
_____
_____
_____
_____
_____
_____
_____
_____
_____
_____
_____
_____
_____
_____
_____
_____
_____
_____
_____

Date:_____   Stars: ★ ★ ★ ★ ★

Notes

recipe_____
source_____
serves_____ prep time_____ cook time_____ oven_____

Ingredients

_____   _____
_____   _____
_____   _____
_____   _____
_____   _____
_____   _____
_____   _____
_____   _____

Directions

_____
_____
_____
_____
_____
_____
_____
_____
_____
_____
_____
_____
_____
_____
_____
_____
_____
_____
_____
_____

Date:_____   Stars: ★ ★ ★ ★ ★

Notes

recipe_____
source_____
serves_____ prep time_____ cook time_____ oven_____

Ingredients

_____   _____
_____   _____
_____   _____
_____   _____
_____   _____
_____   _____
_____   _____

Directions

_____
_____
_____
_____
_____
_____
_____
_____
_____
_____
_____
_____
_____
_____
_____
_____
_____

Date:_____   Stars: ★ ★ ★ ★ ★

recipe_____
source_____
serves_____ prep time_____ cook time_____ oven_____

Ingredients

_____   _____
_____   _____
_____   _____
_____   _____
_____   _____
_____   _____
_____   _____

Directions

_____
_____
_____
_____
_____
_____
_____
_____
_____
_____
_____
_____
_____
_____
_____
_____
_____

Date:_____   Stars: ★ ★ ★ ★ ★

Notes

recipe_____
source_____
serves_____ prep time_____ cook time_____ oven_____

Ingredients

_____ _____
_____ _____
_____ _____
_____ _____
_____ _____
_____ _____
_____ _____

Directions

_____
_____
_____
_____
_____
_____
_____
_____
_____
_____
_____
_____
_____
_____
_____
_____
_____
_____

Date:_____   Stars: ★ ★ ★ ★ ★

Notes

recipe_____
source_____
serves_____ prep time_____ cook time_____ oven_____

Ingredients

_____   _____
_____   _____
_____   _____
_____   _____
_____   _____
_____   _____
_____   _____

Directions

_____
_____
_____
_____
_____
_____
_____
_____
_____
_____
_____
_____
_____
_____
_____
_____
_____

Date:_____   Stars: ★ ★ ★ ★ ★

Notes

recipe_____
source_____
serves_____ prep time_____ cook time_____ oven_____

Ingredients

_____   _____
_____   _____
_____   _____
_____   _____
_____   _____
_____   _____
_____   _____

Directions

_____
_____
_____
_____
_____
_____
_____
_____
_____
_____
_____
_____
_____
_____
_____
_____
_____
_____

Date:_____   Stars: ★ ★ ★ ★ ★

Notes

Made in the USA
Coppell, TX
02 December 2019